KB036475

달리는 쿠키들의 한자 대모험

쿠키런 한자런 10

冰

새로운 경기가 열리는
얼음나라를 향해 달려라!
얼음 빙!

서울문화사

• **1판 1쇄 발행** | 2017년 3월 24일
• **1판 4쇄 발행** | 2018년 1월 15일
• **글** | 조주희
• **그림** | 이태영
• **감수** | 김장미
• **발행인** | 이정식
• **편집인** | 최원영
• **편집장** | 안예남
• **편집** | 김이슬, 이은정, 오혜환, 박현주, 최다혜
• **디자인** | 이명헌, 김가희, 최한나
• **출판영업** | 홍성현, 임종현
• **제작** | 이수행, 주진만
• **출력** | 덕일인쇄사
• **인쇄** | 서울교육
• **발행처** | 서울문화사
• **등록일** | 1988. 2. 16
• **등록번호** | 제2-484
• **주소** | 04376 서울특별시 용산구 새창로 221-19
• **전화** | 02)791-0754(판매) 02)799-9171(편집)
• **팩스** | 02)749-4079(판매) 02)799-9334(편집)

ISBN 978-89-263-8411-4
978-89-263-9810-4 (세트)

서울문화사

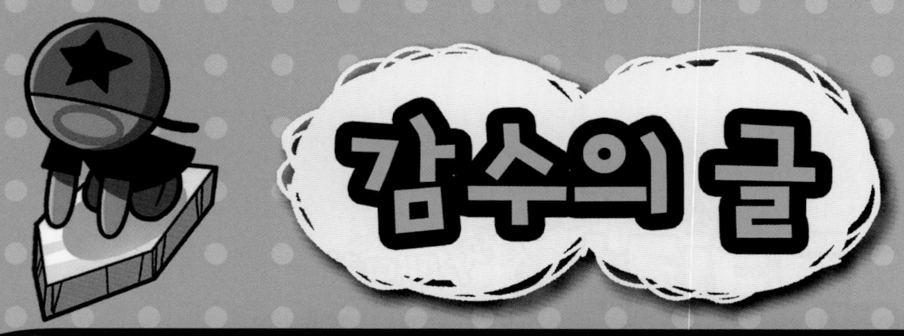

감수의 글

'한자'는 국어, 수학, 영어와 같이 여러분이 꼭 배워야 할 과목입니다. 왜일까요? 세종대왕이 한글을 만들기 이전, 우리 조상들은 한자를 사용하여 편지를 쓰고, 시도 쓰고 자신의 생각을 적는 등 실생활에 필요한 모든 내용들을 기록했습니다. 한마디로, 의사소통의 수단이 한자였던 것이지요.

자랑스러운 한글이 만들어져 글을 읽고 쓰기가 편해졌지만,
우리말의 70% 이상은 여전히 한자어로 이루어져 있습니다.
"영희와 나는 운동을 했습니다."라는 문장에서 '운동'은 한자어입니다.
'옮길 운(運)'과 '움직일 동(動)'으로 이뤄진 단어로, '움직이다'라는 뜻이죠.
"소중한 친구에게 편지를 쓰다."라는 문장에서 '소중(所重)'과 '친구(親舊)',
'편지(便紙)'도 모두 한자어입니다.
따라서 한자를 알면 말이나 문장을 더 쉽게 이해하고 글을 잘 쓸 수 있습니다.
"차를 사다."라고 했을 때, 마시는 차(茶, 차 차)일 수도 있고 이동수단인
차(車, 수레 차)일 수도 있습니다. 한자를 알아야 무엇을 가리키는지 명확해집니다.
이렇듯 한자는 의사소통을 쉽게 해 주고, 다른 공부에도 많은 도움을 줍니다.

〈쿠키런 한자런〉은 꼭 알아야 하는 한자를 쉽고 재미있게 배울 수 있는 책입니다. '천 리 길도 한 걸음부터'라는 속담처럼, 이 책을 통해 여러분이 한자에 흥미를 가졌으면 합니다. 무슨 공부든 흥미나 재미가 없으면 성취하기 어렵습니다. 책을 재미있게 읽는 동안 한자 실력이 쑥쑥 성장하기를 기대합니다.

김장미(봉담중 한문교사)

한자, 달리기, 놀이동산이 금지된 쿠키나라를
한자로 구하는 초등 쿠키들의 신나는 모험담!

우리가 하는 말 중에는 '쿠키런'처럼 외국말이 섞여 있기도 하고,
'이슬비'처럼 순우리말도 있고, '전력질주'처럼 한자로 된 말도 있어요.
이 중에서 한자는 우리가 쓰는 말의 상당한 부분을 차지하고 있지요.

그렇기 때문에 차근차근 한자를 익히면
처음 접하는 단어의 뜻도 쉽게 알 수 있고,
한자 실력과 함께 이해력과 사고력도 쑥쑥 자란답니다.

〈쿠키런 한자런〉에서 재미있는 이야기를 읽다 보면
여러분도 어느새 한자와 친해지게 될 거예요.
마녀가 금지시킨 한자의 비밀을 알게 된 꼬마 쿠키들이 쿠키나라를
구하기 위해 모험을 떠나는 이야기가 멋지게 펼쳐지거든요.

쿠키 주인공들과 함께 신나는 모험을 펼치며
재미와 감동이 있는 순간,
잊을 수 없는 한자들과 만나 보세요!

등장인물 소개

용감한 쿠키

굴뚝마녀와 맞서 싸우는 쿠키 원정대를 이끄는 쿠키. 모두를 꼼짝 못하게 할 무시무시한 방귀 공격 기술을 가졌다.

대추맛 쿠키

느긋하게 차 마시기를 즐기는 쿠키. 불꽃정령 쿠키의 꾐에 넘어가 꼬마 쿠키들을 위험에 빠뜨리려고 했지만 잘못을 뉘우친 후로 꼬마 쿠키들을 돕기 시작했다.

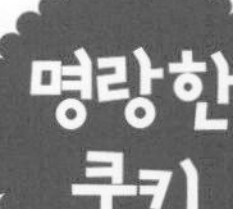

명랑한 쿠키

달리는 것을 좋아하는 밝고 활발한 쿠키. 항상 적극적이지만 좋아하는 웨어울프맛 쿠키 앞에서는 종종 수줍음을 탄다.

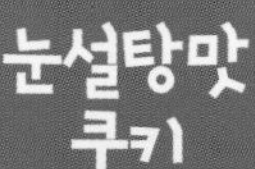

눈설탕맛 쿠키

눈을 마음대로 조종하는 능력을 가진 쿠키. 바다요정 쿠키를 구할 수 있다면 수단과 방법을 가리지 않고 뭐든지 하려 한다.

코코아맛 쿠키

코코아처럼 검은 마음을 가진 악당 쿠키. 쿠키 원정대를 쫓아 자신의 고향인 얼음나라로 돌아가게 되었다.

복숭아맛 쿠키

뛰어난 무술 실력을 가진 무술 고수 쿠키. 대추맛 쿠키를 찾으러 원시림에 왔다가 꼬마 쿠키들을 돕기 위해 파인애플 부족의 제단으로 가게 되었다.

웨어울프맛 쿠키

위기의 상황에 거대 늑대로 변신하는 쿠키. 자신의 고향인 얼음나라로 향하는 쿠키 원정대에게 길을 안내해 준다.

바다요정 쿠키

강력한 힘을 가진 고대 마법사 쿠키.
굴뚝마녀와 맞서 싸우기 위해 얼음파도의 탑을 쌓다가 탑에 갇혀서 얼어붙어 버렸다.

불꽃정령 쿠키

쿠키왕국을 멸망시키기 위해 수단과 방법을 가리지 않는 악당 쿠키.
파인애플 부족이 쏜 좀비 독화살을 맞아 불꽃 좀비가 되었다.

피겨 여왕맛 쿠키

눈설탕맛 쿠키의 친구. 바다요정 쿠키를 구해야 된다는 생각 때문에 순수한 마음을 잃어버린 눈설탕맛 쿠키를 보며 안타까워한다.

공주맛 쿠키

쿠키왕국을 다스리는 공주 쿠키.
돌아가신 어머니를 닮은 정글전사 쿠키를 익숙하다고 생각하며 어리둥절해 한다.

박하 사탕맛 쿠키

바다요정 쿠키의 슬픈 전설을 듣고 바다요정 쿠키를 찾아 나선 쿠키. 우연히 쿠키 원정대를 만나 함께 얼음파도의 탑으로 향한다.

화이트초코 쿠키

자기가 쿠키왕국에서 제일 용맹한 기사라고 주장하는 쿠키. 눈설탕맛 쿠키에게 속아 얼음파도 탑에서 열리는 쿠키런 경주에 함께하기로 한다.

용사맛 쿠키

강한 힘을 가진 전설의 쿠키.
굴뚝마녀의 붉은 용과 맞서 싸우기 위해 쿠키 원정대와 힘을 합쳐 크리스탈을 찾는다.

산타맛 쿠키

얼음나라에 있는 산타호텔의 주인 쿠키. 집을 나간 후 소식이 끊긴 딸인 코코아맛 쿠키를 그리워하고 있다.

정글전사 쿠키

원시림에서 쿠키 원정대의 안내자 역할을 한 쿠키. 부모, 형제도 없이 정글에서 혼자 살아 왔다.

이 책의 특징

1 맥락으로 기억한다!

이 책은 이야기의 맥락과 강하게 연결된 한자 만화로, 흥미진진한 내용을 따라가다 보면 자연스럽게 한자를 익힐 수 있습니다.

2 시각으로 기억한다!

만화 속에서 중요한 장면마다 큰 이미지의 한자가 인상 깊게 등장하여 눈으로 한자를 먼저 기억하게 됩니다.

3

기초부터 학습한다!

획이 많고 어려운 뜻의
상급 한자보다는
초등학생이 접하기 쉬운
초급 한자부터
차근차근 배웁니다.

4

반복해서 기억한다!

만화에서 한자가
여러 번 등장하여
반복 학습이 가능하고,
권말 집중 탐구로
확실히 정리합니다.

차례

지난 줄거리

파인애플 제단에 도착한 쿠키 원정대는 거대 괴물이 된 파인애플 부족과 맞서 싸우기 위해 유물 조각을 붙이고 쿠키 괴물로 변신한다. 또한 파인애플 부족의 좀비 독화살을 맞고 불꽃 좀비가 된 불꽃정령 쿠키와 그에게 쫓기던 전설의 쿠키들도 우연히 떨어진 유물 조각 때문에 함께 노인 좀비 괴물로 변하게 된다. 이렇게 변신한 세 거대 괴물들이 맞붙으면서 괴물들의 전쟁이 본격적으로 시작되는데…!

《쿠키런 한자런》 10권에 등장하는 한자

技 재주 기	術 재주 술	不 아닐 불, 부	公 공평할 공
平 평평할 평	莫 없을 막	可 옳을 가	能 능할 능
出 나갈 출	口 입 구	竹 대나무 죽	主 주인 주
富 부유할 부	樂 즐거울 락, 음악 악	臣 신하 신	無 없을 무
理 다스릴 리	氷 얼음 빙	河 물 하	山 뫼 산

技術

재주 기

재주 술

기술이
필요해!

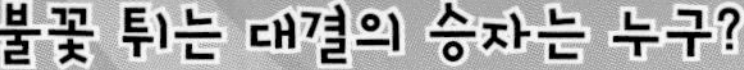
불꽃 튀는 대결의 승자는 누구?

46장

괴물들의 전쟁

莫

없을 막

크아아아

크아아

크아아

촤아아

휘릭
척
휙
척
저건
닌자맛 쿠키의
기술(技術)이야!

꼬마
쿠키들이
가지고 있는
기술(技術)들이
필요한 순간에
나오고 있어.

재주를 뜻하는 기(技)는
손 수(手=扌)와 가지 지(枝)가
합쳐진 글자로, 자잘하게
나누어지는 일, 즉 잔손이
많이 가는 일을 말해.
휙
휙
휙
휙

기술
(技術)?

윽,
징그러워!

재주를 뜻하는
술(術)은 길의
모양(사거리)을
본뜬 다닐
행(行)과
계속한다는
뜻을 가진
차조 출(朮)이
합쳐진 글자야.
術

그러니까, 기술(技術)은
무언가를 잘 만드는 재주와
사물을 잘 다루거나 부리는
꾀를 말하는 거야.
화악
꼬마
쿠키들이
기술(技術)을
잘 써야
할 텐데.

어떤 행위를 계속해
나가기 위한 길, 방법을
뜻하지.
일은 이렇게
해야 돼!
우르르

크아아아아

퍽
퍽
퍼퍽

쿵

아아….

이건 너무
불공평(不公平)해.
흥, 뭐가
불공평(不公平)해?!

하아
하아
파인애플 부족
괴물이 공격하는 건
이해하지만
노인(老人) 좀비
괴물까지 함께
공격하다니…!

공평(公平)하지
않다는 뜻의
불공평(不公平)!
불공평(不公平)해!

새가 날아가 버려
보이지 않는 모양을
본뜬 아니 불(不).
어디 갔지?

한쪽으로 치우치는
것(厶, 사사로울 사)
을 등진다(八)는
뜻을 가진
공평할 공(公).
한쪽으로
웅크리지 마!

물 위에 뜬
물풀의 모양을
본뜬 글자로
물 위는
평평해!
물 위가 고르고
평평(平平)하다는
뜻의 평평할 평(平).

크아아아
노인(老人)
쿠키님들
정신 차려요!
끌려가면
안 돼요!

이 싸움은
공평(公平)하지
않아!

척

으으...

화르르르

화르르

화르르르르

화르르르

크아아아

명랑한 쿠키의
전투력!

끄으으으
화아악
쾅

화악
이제
내 차례야!

막대사탕으로
유물 조각을
부숴 주마!
슈우우

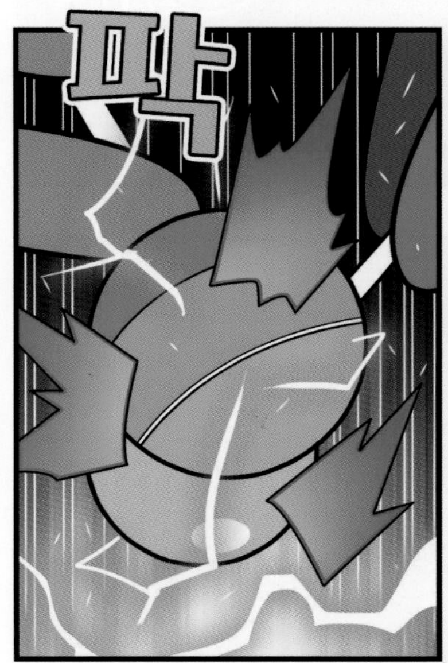
파악

파지지직
쿠키앤크림
쿠키님의
지팡이가 막았어!

헉

노인(老人)
쿠키님들!
왜 그러시는
거예요! 우린 같은
팀이잖아요!
휙
휘익

화아악
저, 저건
또 뭐야?

마, 많이…
먹어라!
컥
컥
컥
커억
예언자맛 쿠키님의
포춘 쿠키잖아?!

맛없어!
그만 먹여요!
으으…
같은 팀이니
공격할 수도
없고!

콰
악
안 돼!

으아아아
화
아
악

쾅
?
?

우어어어-!

쿠오오오

으으...

휘이이이
해가 지고
있잖아!

이번 경기는
이렇게 끝나는
건가…!

아니야!!!
파앗
용감한 쿠키!

우린 아직 지지
않았어!
우드드득

꼬마 쿠키 괴물이
다시 일어섰다!
쳇, 끈질기네!

먼저 노인(老人)
좀비 괴물부터
처리해야겠어!
쉬이이익
절대 안 봐줘!

화아악

저건
마법사맛 쿠키님의
마법사탕 지팡이야!

파지지직

파지지직
휘익
앗,
따가워!
파지직
화악
쿠웅

설마…?
도련님의
추리가 맞는 것
같습니다.
노인(老人)
쿠키님들,
이제 정신을
차리실 시간이
되었습니다.
씨이익
뿌
아
앙

끄아아아아

제트방귀!
용감한 쿠키의 더럽지만 강력한 기술이야!

모두 코를 막아! 숨 쉬면 안 돼!
으으
끄으으

윽, 지독한 냄새.
커억
푸학
방귀 기술(技術)을 가진 쿠키라니,

자랑스러운 쿠키 종족이 어쩌다가⋯.
잠깐!
앗!

나라도 정신을
차려야 돼!

으으...

콰악

좀비 바이러스를
이겨내겠어!

쉬이익

좀비!!!
헉!

콱 콱
아니야,
난 용사맛
쿠키야!

아니, 나는,
용사 좀비!
좀비~

노인(老人) 좀비
괴물은 자기와의
싸움 중이니
그냥 두고,
좀비~
홱

이제 시간이
없어!
빨리 파인애플
부족 괴물을
항복시켜야 돼!
저벅
저벅

나는 화가 나면

콰아아아

거대 괴물로
변하니까!!

우린 천 년이 넘는 시간 동안 제단의 보물을 지켜온 파인애플 부족이야!

콰아아아아아

우리의 전투 기술(技術)을 무시하지 마라!

콰아
으아아아
꺅

나아아
꺄아아아아
으악

두 괴물 모두 막상막하
(莫上莫下)야!

초원(草原)에 해가
지는 모양을 나타내는
글자인 없을 막(莫).
莫
해가 이제
없어지겠군!

그러니까 막상막하
(莫上莫下)는 위와
아래를 구분할 수
없다는 뜻이지.
두 괴물의 힘은
위아래를 따질 수
없이 비슷해.

하지만 쿠키들에게는
시간이 없어.

곧 해가 질 테니까.

경기는
끝났어!
크리스탈도 얻지
못할 테니, 쿠키왕국을
지킬 수 없겠지.
크크크
크크

대나무 숲도 안전하진
못할 거야….

아직 끝이
아니야!

이 상황에서
무슨 희망이
있겠어?
버럭

나의
월도(月刀)가
있잖아!
반짝
반짝
촤악

무사히 원시림 경기를 완주할 수 있을까?

47장

월도의 비밀

퍼퍽

퍽

퍽

너는 월도(月刀)가 별거 아니라고 했잖아.

아니, 이건 특별한 칼이야.

이 월도(月刀)는
마법의 힘을 베는
칼이란다.
네?
하아

달빛처럼 날카롭게
강력한 마법을
잘라낼 수 있지.
촤악

마법을
잘라낸다고?

그래, 어쩌면
나의 월도(月刀)가
괴물들을 날려 버릴 수
있을지도 몰라.
붕
붕

커억
크아아
척

크르르르

휙

피해!

크아아아

휘익

촤아아악

콰아아

척

후우웅
아버지의
말씀이 맞았어!
월도는
마법을 잘라내는
칼이었어!

대추맛 쿠키!
시간이 없어!

모두의 마법을
풀어버려!
방
방
방
좋았어!

대나무 숲을
위한 일이라고
변명하면서
파팍
쉬이이
악당들과
손을 잡았지.

그동안 비겁한
짓을 많이 했어.

크르르르

휘익

이제 대나무 숲은
내 손으로 직접
지키겠어!

좌아아악

파인애플 부족이
날아간다!

유물
조각이다!
휙

파인애플 부족과
함께 날아오면
안 되는데!

툭
쿠당탕

쏘옥
야호!

대추맛 쿠키님!
시간이 없어요. 이제 곧 해가 질 거예요.
우리를 월도(月刀)로 분해(分解)시켜 주세요!

콰아아아

펫들아,
도와줘!

슈우우

파앗

팟

이대로 제단
꼭대기까지 가자!

드드드드드

문이 닫히고 있어!

빨리 빨리!

유물…!
시끄러워.
어서 가자!
카악
음…
다다다다다

퍽

ㄷㄷㄷㄷㄷ
우르르

놓쳤어!
툭

꼬마 쿠키들,
원시림 경기
완주(完走)!
슈이이이이
휙
휙
휘익
휘익

콰
아
아
아

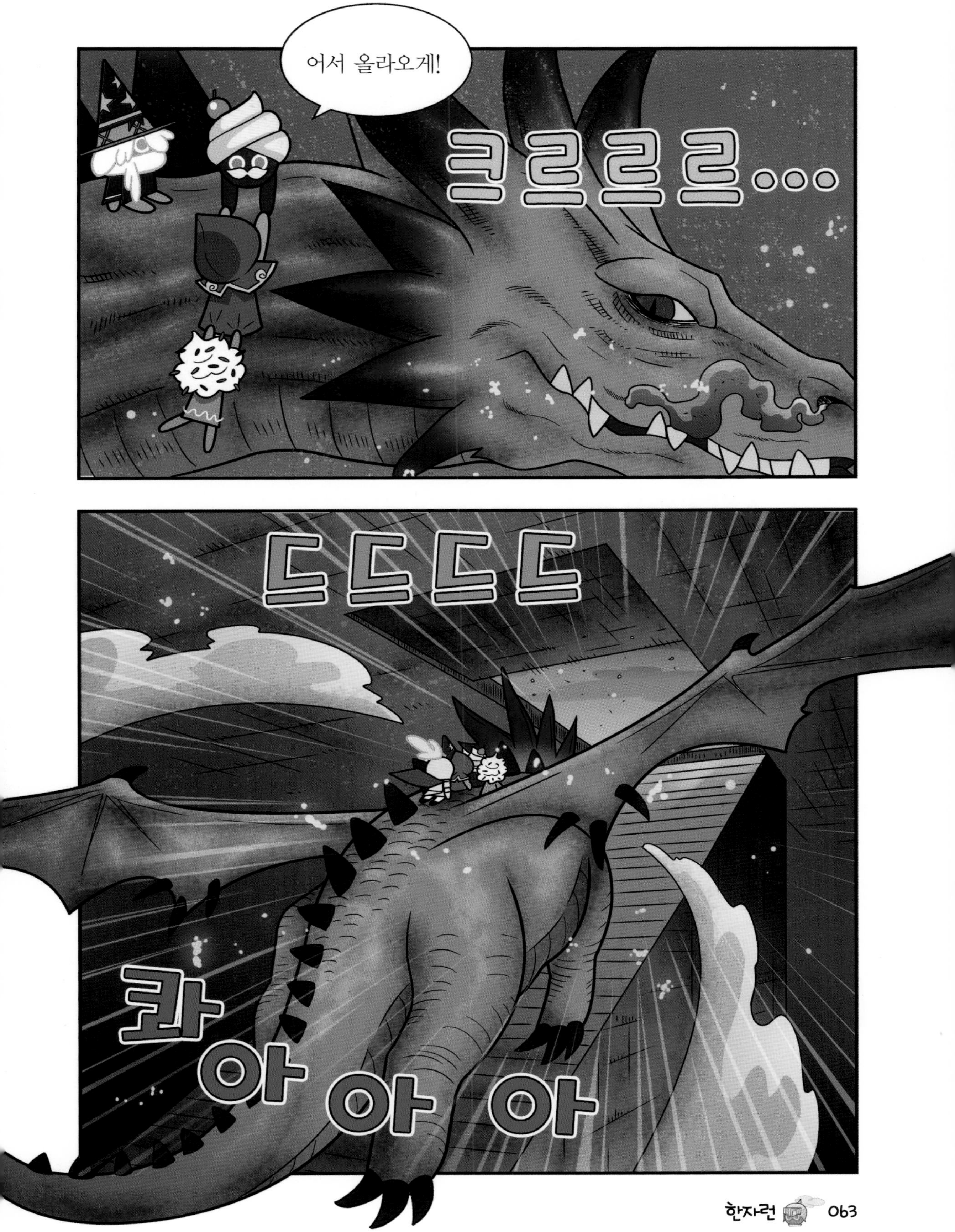

드드드드

콰아아아

드드드드드

콰아아

으아아

꺅

으악

으아아아
척
쿵
쩍

파앗

에구구,
겨우
들어왔네.
용사맛
쿠키님!
와
와아

세상에, 전설의
쿠키님들이셔!
그, 그래?

쿵
꺄
콰
쾅
욱
퍽
까악
악
우리 머리를
산산조각 낼
셈이냐?!
당장
풀어 줘요!
뭐지?
좀비잖아!

불꽃정령
쿠키님!
잘 오셨습니다!
공주맛 쿠키를 확
물어 버리세요!

크아아
좀비는…
꽈악

얘네랑 놀아!
퍼억

우리를
던지다니!
아야야

헉
크르르…

우르르르
크아아
꺅
도망쳐!
다다다

드드드드
문이 거의
닫혔어!

문을
통과(通過)하는 건
불가능(不可能)해요!

쿠키런 경기를
완주(完走)하고
싶었는데….

유물 조각
하나를
못 찾았어!

크리스탈을 얻지
못하게 됐으니…
헉
헉
헉
경기 완주(完走)도
소용없게 됐네….

블랙베리맛
쿠키!
도련님!
헉
헉

제가
찾았어요!
척

ㄷㄷㄷㄷ
다다다
역시
블랙베리맛
쿠키는 대단해!
하지만,
문이….

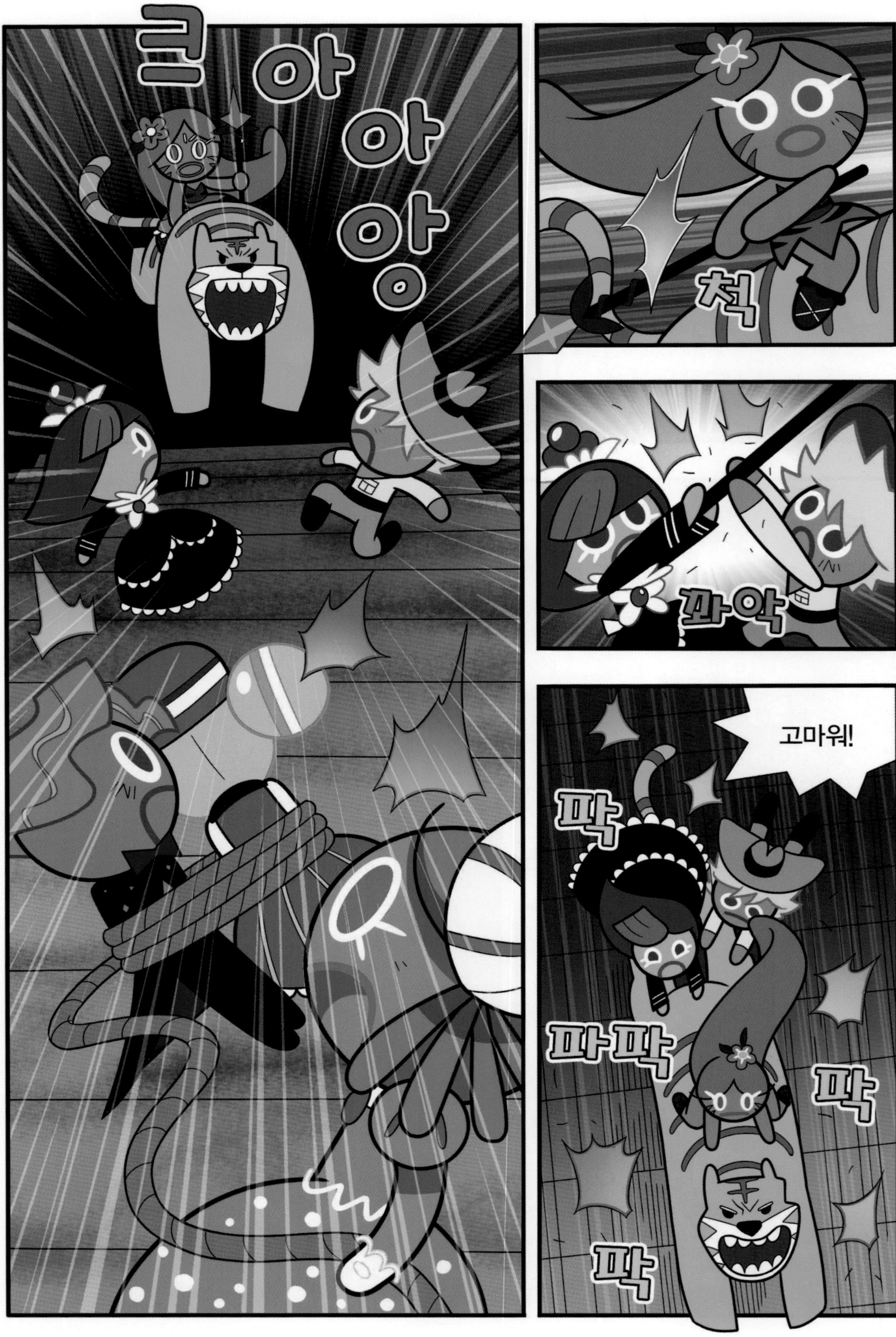
크
아
아
앙
척
콰악
고마워!
팍
파팍
팍
팍

타앗
저것들은
뭐야?
헉
두두두두
콱

공주 살려!
으아아아
화악
꺅
파바박

두두두두
나를 경기장
출구(出口)로 데려가
주려는 거야?

그런데 이 쿠키….
어디서 많이 본
듯한데….

파앗

드드드드
쉬이이익

문이 닫힌다.
드드드드드드드
경기가 끝났어.

쿠키런 경기에서는 승리(勝利)했지만 유물 조각을 가져오지 못했어.

파앗

쿠키왕국을 구하려면 크리스탈이 필요한데….

척

정글전사 쿠키,
네가 해냈구나!

드디어 유물 상자가 눈앞에!

竹

대나무 죽

48장
유물 상자,
열리다!
公
공평할 공
主
주인 주
이건
공평하지 않아!
난 쿠키왕국의
공주야!

우리 모두가 경기를 완주(完走)했어!

파닥

파닥

와아

와

와

원시림(原始林)
쿠키런 경기 완주
성공(成功)!
와아
와
와아

흠….

도와줘서 고맙구나.
네 이름이 뭐냐?

쿠키왕국의
공주를 구해
주었으니 상을
내려 주마.
아….

응?
이름이
뭐냐니까?
크르르…

이 친구는
정글전사
쿠키인데
정글에서만 살아
쿠키들의 말을
못합니다.
척

부모도 형제도
없이 정글에서
혼자 살았단
말이냐?
정말
딱하구나!

특히 네 머리색이
돌아가신 어머니의
머리색과 똑같아서 더욱
마음이 쓰이는구나.

그러고 보니
얼굴도 어머니와
닮았어.
혹시…

정글전사 쿠키는
공주님의 잃어버린
쌍둥이 자매가
아닐까?
헉

푸하하핫

하여간 고맙다!
툭
툭

랄랄라~
뭐야,
이걸로 끝?
아무 사이도
아닌가 봐.

왕궁의 복도에서
본 그림이 아무래도
마음에 걸려.
공주맛 쿠키와
정글전사 쿠키는
정말 쌍둥이일지도
몰라.

우르르르
지,
지진인가?

번쩍

쿠
쿵

유물 상자와

경기를 완주한
쿠키들이 받는
상이야.

펫 알이잖아?
반짝
반짝

바로
우리들 말이야!
와
와
파츠츠
와아

가운데 유물 조각이 하나 박혀있으니
나머지 네 개만 끼워 맞추면 상자가 열릴 거야.

유물 상자 안에는 굴뚝마녀의 용을 막을 수 있는 크리스탈이 들어 있지.

이건 마술이 아니라 진짜 마법이구나.
끄덕

크리스탈만 있으면
용사맛 쿠키님이
붉은 용과 맞서
싸울 수 있을 테고

파앗

꾸에엑

방

그럼,
쿠키들의 세상은
안전(安全)해질 거야.

방

쿠키궁전의
지하 감옥에서
주운 유물 조각과

팟

거대 애벌레
괴물에게서 떼어낸
유물 조각,

그리고 거대
원숭이 괴물,

파앗

팟

파인애플
부족에게서 빼앗은
유물 조각을
끼우면….

퍼엉
으악
꺅
으아아
눈부셔!

파앗

반짝
반짝
붉은 용의
뜨거운 불을
막을 수 있다는
신비의 보석!
크리스탈이야!

이제 굴뚝마녀에 맞서
본격적으로
싸울 수 있겠군!
꼬마 쿠키들이
큰일을
해 주었어!

휘이이이이

갑자기
웬 눈보라지?
겨울도
아닌데….
휘이이이잉

바람이 너무
차가워!
온 몸이
얼어붙고 있어!
휘이이
으으…

정신 차려라!
이건 마법이란다!
덜덜

눈보라를 일으키는 스노우킹이야!
콰아아아아

휘리리릭
척

너, 너는…?
휘이이

나는
눈설탕맛 쿠키다.

미안하지만
크리스탈은 내가
가져가야겠다!
콰아아아

왜?!
휘이이

바다요정
쿠키님을
구해 내기
위해서다!

바다요정
쿠키?

화악
휙
휙

안 돼! 우리가
고생해서 겨우
구한 거란 말이야!
꾹
꾹
꾹

크리스탈을 찾고 싶으면

휘이이이이

얼음파도의 탑에서 열리는 쿠키런 경기에 참여하도록 해!

방금 쿠키런 경기를
마쳤는데, 또?
휘이이

그럼,
모두
잘 있어!
슈우우

콰아아아아
가면 안 돼!

팟
사라졌어!

눈이
순식간에
녹고 있잖아?
이렇게
황당할 수가!
철퍽
철퍽

겨우 찾은
크리스탈을 눈앞에서
도둑맞다니!
음…

지금 바로
얼음파도의 탑으로
가야겠어요.
척
크리스탈을
되찾아야지요!

얼음파도의
탑이라면 북쪽의
얼음나라에 있지.

추운 곳이니
옷부터 단단히
챙겨 입어야 할 거야.

휘이이잉

그곳엔 매서운
추위에도 끄떡없는
강인한 쿠키들이
살고 있단다.

바다요정 쿠키는
달빛술사 쿠키만큼
오랜 옛날부터 존재한
마법사 쿠키란다.

하지만 지금은
저주를 받아
얼음파도의 탑 속에
갇혀 있다고 들었다.

그럼 우리가
파앗
팟

얼음파도의
탑으로 가서

눈설탕맛 쿠키가
빼앗은 크리스탈을
다시 찾아
툭!
퍽

바다요정 쿠키님을
구하면 되겠군요.
휘이이

과연 그렇게
쉬운 일일까?

우리 쿠키
원정대(遠征隊)에게
맡겨 주세요!
함께 갈
쿠키, 없어?
핫하하

이번에 난 빠질래.
거긴 유물이
없을 것 같아.
나는 가고
싶은데….

나는 궁전으로
돌아갈 테야. 추운
곳은 딱 질색이거든.
제발
가세요!

우리는 돌아가서
대나무 숲을 지킬게.

정글….
정글을 지키러
가야 된다고?
헉

정글전사 쿠키와
헤어지고 싶지
않은데….
불쌍한
용감한 쿠키.
크흐흐흑

그럼
우리와 함께 갈
쿠키는 없는 거야?

내가 갈게.
웨어울프맛
쿠키!
척

북쪽 나라는 내
고향이야. 내가 얼음
파도의 탑까지 가는
길을 안내해 줄게.

웨어울프맛
쿠키!
고마워!
이렇게
기뻐할 정도는
아닌데….
와락

안았다!
크흐흐…

휘이이이이

어서
출발(出發)해요!
얼음파도의
탑으로!

와

와아

여러분,
잠깐만요.

후웅
펫 알의 주인(主人)
부터 찾아 줘야죠!

이미 펫 알과 주인은
서로를 알아보고
있군요.

복숭아맛 쿠키!
화악
둥실

이곳에서 나의 펫을
찾게 되다니….

너는 분명히
이 한자를
좋아할 거야.
척
나와 함께
대나무 숲으로
돌아갈 테니까.

대나무의
모습을 닮은
대나무 죽(竹)!
슥
슥
竹

화아악

!

따끈
따끈

너는 귀여운
'판다 만두'구나!
맛있는
만두 냄새….
츄릅

푸욱

두 번째
펫이다!

반짝

후우웅

설마….

들썩

들썩

반짝

씨익

공주맛
쿠키?

둥실

나는 쿠키왕국의
공주니까 당연히
나를 위한 펫이
있겠지!

너에겐 특별히
공주(公主)라는
한자를
적어 주마!
너는
공주(公主)의
펫이니까!
슥슥

한쪽으로
치우치는 것
(厶, 사사로울 사)을
등진다(八)는 뜻의
공평할 공(公)에
한쪽으로
웅크리지 마!

임금 또는 주인을
나타내는 글자인
주인 주(主).
등잔 접시 위에
불이 타고 있는 모양을
본뜬 글자로 등불의 중심,
주인이라는 뜻을 가지지.
파지직

팟

저건
'공주의 장신구'라는
펫이야. 공주를
상징하지.
척

정말 아름답구나.
역시 공주인
나에게 딱 맞는…
뾰로롱

뾰로롱
어디로 가는 거야?
네 주인은 나야!

정글전사
쿠키?
스윽

반짝
반짝

예쁘다!

내가 펫의 주인이야! 내가 공주란 말이다!
펫은 자신의 주인을 스스로 선택한답니다.
파닥
파닥

펫 알을 연 것은 공주맛 쿠키인데 펫이 자신의 주인으로 정글전사 쿠키를 선택했어!
이런 일은 처음인데?

저건 내 펫이야! 쿠키왕국의 모든 건 다 내 거라고!
으앙~
방
방
쾅
쾅

나왔다. 공주맛 쿠키의 떼쓰기!
으아앙~

차갑고 쓸쓸한 얼음나라엔 어떤 쿠키가 살까?
휘이이이
즐거울 땐
악기 연주가
최고!
친구들과
함께라면 언제나
즐거워!
樂
즐거울 락
마음이
부자인 사람이
진짜 부자!
富
부유할 부

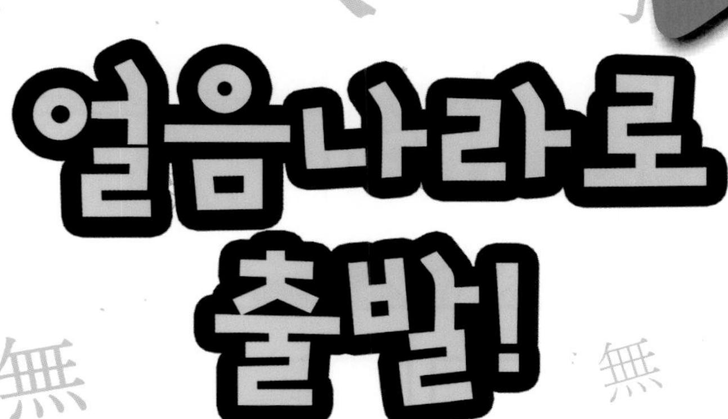

臣

신하 신

어린아이 같은 저
쿠키가 정말 쿠키왕국의
공주란 말인가?
으앙~
그렇다네.
인자하신 국왕 폐하와
왕비님께서 돌아가신 후,
어린 공주님만 남았지.
쯧쯧….

공주의 장신구가 정글전사 쿠키를
선택했다는 건 정글전사 쿠키가
잃어버린 쌍둥이 공주님이라는
증거야.
끄덕

하지만 둘 다 그런
거엔 아무 관심이
없는 것 같은데?
도리
도리
크르르...
화악
내 놔!

정글전사 쿠키는
공주님이 틀림없어!
콱

마지막 펫 알이
남았군. 이건 분명히
나의 펫일 거야.
버터크림
초코쿠키님!

내가 이 펫 알의
주인(主人)이라는
강력(强力)한
느낌이 와!

주르륵
주륵

아닌 것
같은데?
알이 땀을
흘려.
헐~

쿠키왕국 최고의
부자(富者)인 나는 나의
펫에게 이 한자를 꼭
써 주고 싶었어.
스윽

집(宀)에 술 단지
(畐, 술단지 모양을
본뜬 글자인 '찰 복')가
가득 있다는 뜻의
부유할 부(富)!
富

뱮로롱
둥실
알이
도망간다!

슥슥
슥

안 돼!
내 펫이란 말이야!
나왔다,
버터크림
초코쿠키의
떼쓰기!
으앙~
파닥
파닥

한자를
닦아 버렸어!

설마, 저 펫은
마카롱맛 쿠키의
펫?
스윽 스윽

알 속에서
악기(樂器)
소리가 나!
척

너도 음악(音樂)을
좋아하는 펫이구나.
슥슥
그렇다면
즐거울 락(樂)을
써 줄게.

나무(木) 받침대 위에
북과 방울 같은 악기가 놓여
있는 모양을 본뜬 글자야.

음악 악,
즐거울 락(樂)!
북과 방울로
음악을 연주하니
즐거울 수밖에!

파아앗
樂

번쩍

화아악
저건….
딱
딱

팟
귀여운 캐스터네츠 펫이구나!
그렇다면 펫과 함께 악기(樂器)로 음악(音樂)을 연주해 드릴게요.

둥둥
딱 딱 딱

둥둥
동물 마카롱 젤리들이다!

펫들이
모두 나왔어!

휘릭
휘리릭
딩
딩
딩
딱
딱
찌익

다함께 음악을
연주하니
즐거울 수밖에 없지!
와아
와
와아
와
음악 악,
즐거울 락(樂)!

신났군,
신났어!
흥!

크리스탈도 빼앗긴
주제에 저렇게
신이 나다니.
뿔뿔뿔…

불꽃정령 쿠키님께
이 엄청난 이야기를
전해 드려야 하는데….
하지만 덕분에
얼음파도의 탑에
바다요정 쿠키가
얼어붙어 있다는
사실을 알게 되었지.

카악
칵
칵

우선
좀비 바이러스
치료부터
해야 돼!
가만 좀
계세요!
콱
콱콱

쿠키런 경기마다
이게 무슨 고생이람.
슈우우우
콱
콱
콱
콱

궁전으로 돌아가야 하는데 함께 갈 신하(臣下)가 아무도 없구나.
훌쩍

크게 눈을 뜨고 왕을 지킨다는 뜻의
번쩍
신하 신(臣)!
臣

우리가 공주님의 신하(臣下)는 아니지만

눈을 크게 뜨고 공주님께서 무사히 궁전으로 돌아가실 수 있도록 도와 드릴게요.

우리도 어차피 대나무 숲으로 돌아가야 하니까요.
고맙다!

유물을 하나도 챙기지 못했지만 파인애플 부족의 제단을 보았으니 그것으로 만족해.
도련님?
척

탈탈
도둑질은 안 됩니다. 이건 파인애플 부족의 보물들이에요.

정글전사 쿠키….

스윽

다음에 꼭 찾아올게. 우리는 친구니까.

끄덕

잘 가!

휘익

용감한 쿠키,
억지로 괜찮은 척
하지 마.

크흑

토닥

토닥

우리 손주들이
이제 다 컸군. 좋아하는
쿠키도 생기고….

용사맛
쿠키…!

그건 나이와
상관없는 것이라네.
퍽
퍽
퍽

쿠키앤크림
쿠키!
털썩
에구,
내 다리.

그리고
예언자맛 쿠키와
마법사맛 쿠키,
버터크림 초코쿠키!
척

우리 함께 크리스탈을
찾으러 얼음파도의
탑으로 가자!
내가 왜?

쿠키런 경기장엔
펫 알이 있어!
출발!

저희도 얼음파도의
탑에서 열리는 쿠키런
경기에 당장 참여하고
싶어요!
척

가장 빨리 가는
방법을 알고 있지.
파앗

용의 꼬리 펫!
콰아아

다함께
북쪽 나라로
출발(出發)!
콰
안녕~!

아아아

휘이이이이

휘이잉

눈설탕맛 쿠키!
콰아아

피겨여왕맛
쿠키.

크리스탈을
가져왔어.

어디서
가져온 거야?
얼음나라 쿠키들이
100년 넘게 찾아
다녔는데도 손에
넣지 못한 거잖아.

설마
쿠키런 경주의
승리자에게서 빼앗아
온 거야?
쉿!

원시림 쿠키런
경기장에서….
너 혼자
쿠키런 경주를
완주했다고?

얼음나라 쿠키의
자존심도 없니?
너는 눈을 마음대로
조종하는 능력을 가진
눈설탕맛 쿠키야.

얼음나라를
대표하는 쿠키란
말이야.
그만, 그만!
파닥
파닥

나를 방해할
셈이야?
콰
아
아
아
아

눈설탕맛 쿠키,
그만 해!
휘이이
이제 나까지
공격하는 거야?

슈우우

피겨여왕맛 쿠키!
넌 그렇게 얼음처럼
깨끗하게 살아.

나는 바다요정 쿠키님을
구할 수 있다면
뭐든지 할 거야.

바다요정 쿠키님은
얼음파도의 탑에서
수백 년 동안
얼어붙어 있었어.
휘이이이

굴뚝마녀에게
맞서 싸우기 위해
휘이이이
쿠오오오
굴뚝화산만큼
높이 쌓아 올린
얼음파도의 탑에서!

나는
바다요정 쿠키!
촤아아

굴뚝마녀를
물리치려면
이 방법밖에 없어.
화악

바닷물이여!
하늘까지
솟아올라라!
촤아아아아아

촤아아아아아

조금만 더!

촤아아아

꺄아악

푸아악

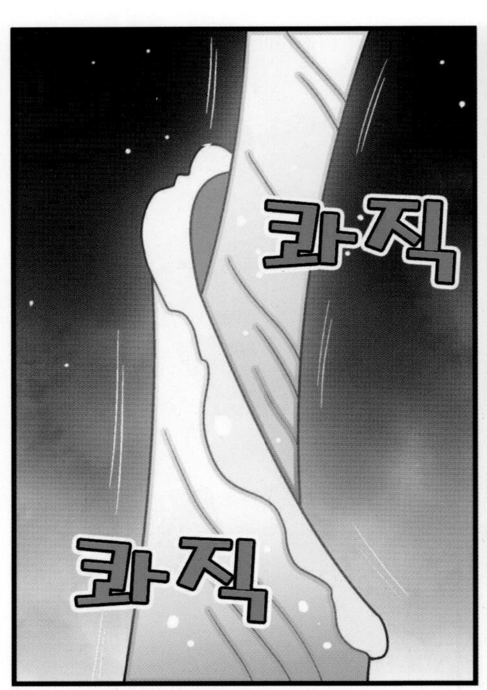

그 속에서 함께 얼어버렸단 말이야.

휘이이

하지만 바다요정 쿠키님은 굴뚝마녀와 맞서 싸울 수 있는 유일한 분이야.

그 분을 구해내야 쿠키세상이 멸망하는 걸 막을 수 있어.
그러니까 나를 방해하지 마!
홱

모두들 네 말이 헛소리라고 했을 때
널 유일하게 믿어 준 쿠키가 누구였지?

피겨여왕맛 쿠키, 오직 너뿐이었지.
휘이이이
내가 널 믿었던 건 네 마음이 첫눈처럼 순수하기 때문이었어.

하지만 이제 네 마음은 진흙탕에 떨어진 눈처럼 더럽혀졌구나.

바다요정 쿠키님만 구하고 나면 크리스탈은 원래 주인에게 돌려줄 거야.
스윽

실패하면?
그럼 크리스탈도 얼음파도의 탑에 얼어붙어 영영 찾을 수 없게 되겠지.

걱정 마. 우리를 도와줄 쿠키를 구했어.

지붕에 매달린 고드름처럼 날카롭고 뾰족한 검술 실력을 가진 기사 쿠키야.
쿠키왕국에서 제일 용맹하대.
덜덜...
덜덜덜...

얼음나라는 너무 춥구나.
덜덜

하지만 화이트초코로 만든 갑옷이 녹지 않아서 다행이야.
척

내 정체를
들키면 안 돼.

나는 쿠키왕국
최고의 기사가
될 거니까.
팡
팡
팡

화이트초코
쿠키!
?
지금인가?

척

휘리리릭

안녕? 나는
쿠키왕국에서 가장
용맹한 기사,
화이트초코 쿠키야.

얼음파도의 탑에서
바다요정 쿠키를
구하는 쿠키런 경기에
함께하겠어.
어머!

위험한 쿠키런
경기에 우리와
함께해 주겠다니…

거대하게 솟은
얼음산처럼 우아하고
정의로운 기사구나.
반짝
반짝

대신 내게 크리스탈을
준다는 약속은
꼭 지켜야 돼.
뭐?

이 크리스탈을
주기로 했어.

바다요정 쿠키님만
무사히 구해 내면,
이건 네 거야.
걱정 마!

크리스탈만 있으면
쿠키왕국 제일의
용사가 될 수 있어.
팡
팡
팡
그럼 아무도
나를 무시하지
못할 거야!

눈설탕맛
쿠키…!
히익

크리스탈을 원래
주인에게 돌려
준댔잖아?!
저 녀석에게서
다시 빼앗아서
주면 돼.
퍽
퍽
북극곰이
싼 똥처럼 이
더러운 녀석아!
퍽

氷
얼음 빙
바다요정
쿠키님,
제가 갈게요!
아빠…!
콰아아아아아
河
물 하
저게
빙하구나!
얼음파도의 탑까지는 어떻게 가야 하는 거야?

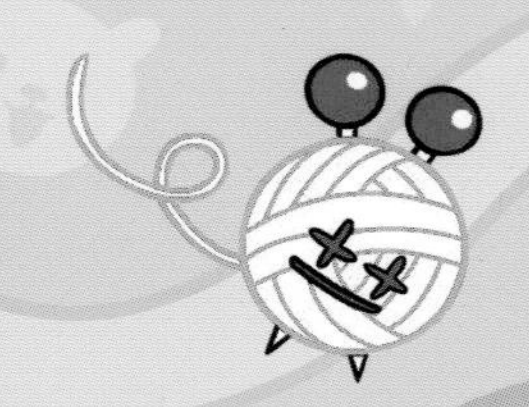

50장

산타호텔의 손님들

山

뫼 산

콰아아아아

바람이 점점
차가워져!
콰아아아아
눈이 갑자기
쏟아져 내리잖아?!

눈송이가
얼음 조각처럼
따가워.
휘이이

얼음나라에
접근하는 용을
막는 마법의 눈이
틀림없어.
휘이

그럼 굴뚝마녀의
붉은 용도
갈 수 없어?
그래. 얼음나라는
굴뚝마녀도 함부로
넘보지 못하는
마법의 공간이야.
휘이이이잉

콰아아아

푸른 용의 비닐이 깨져 나가고 있어.
휘이이
더 이상 용을 타고 가는 것은 무리(無理)야.

커다란 수풀에 불(火)이 나서 다 타 없어진 모양을 본뜬 없을 무(無).
화르르
無

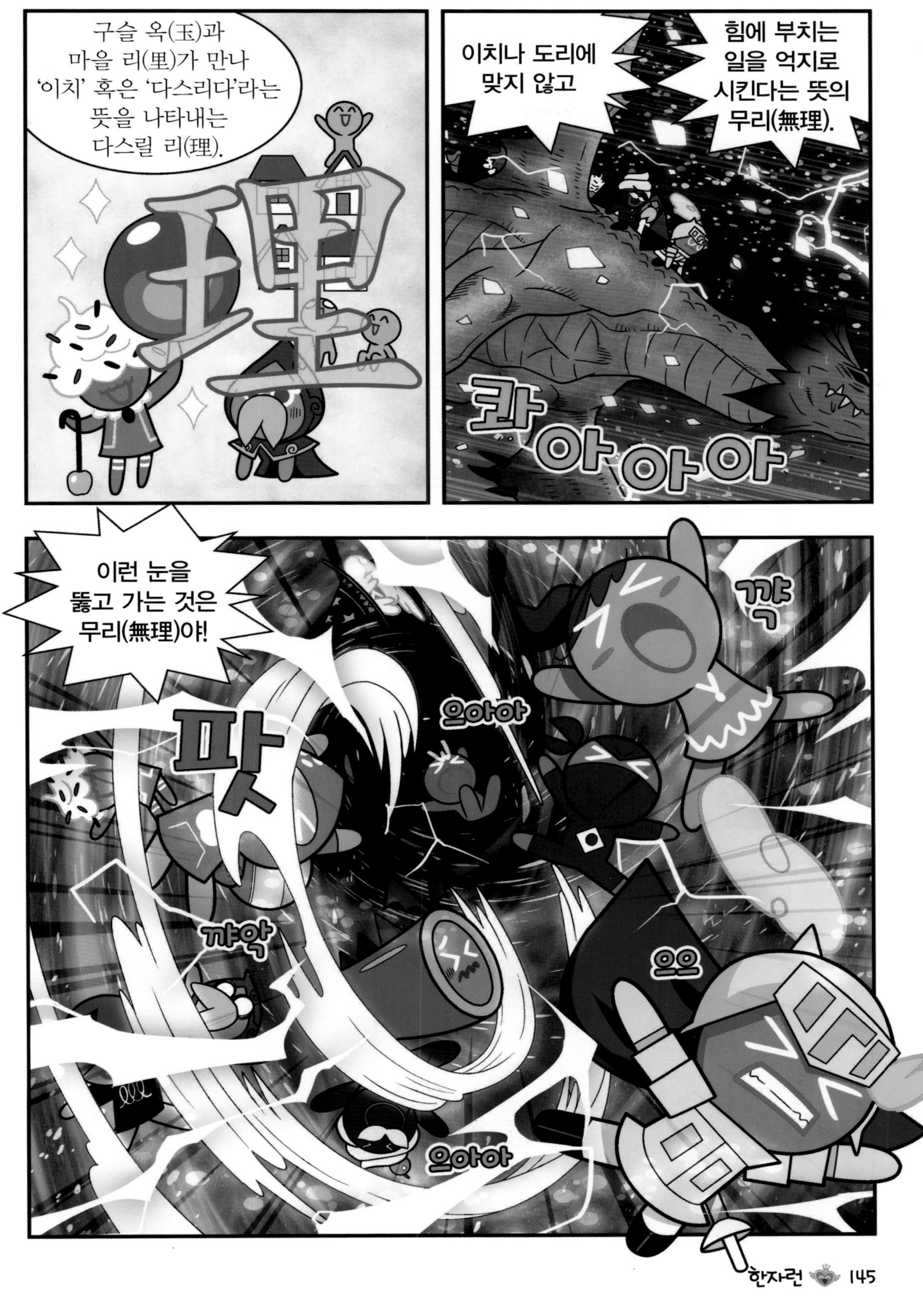

이런 눈을
뚫고 가는 것은
무리(無理)야!

꺅
으아아
팟
꺄악
으으
으아아

푸욱
푹
푹

푸하
푸우

휘이이이이
얼음파도의 탑은 저 높은 얼음산 너머에 있어.

눈 때문에 죽을 뻔하고 눈 덕분에 살았어!

휘이이이이
걸어서 간다면
10일은 걸릴 거야.

이렇게
깊은 눈밭을
헤치고….
덜덜덜
나는
옷도 없어.
노인 쿠키들이
어떻게 걸어간단
말인가?

보드로도
움직일 수가 없어.
닌자 기술은
눈밭에서 아무런
쓸모가 없구나.
푹
푸욱

우린 괜히
따라왔나 봐.
휘이이

뿌우우
이게 무슨 소리지?

뿌우우우우
저것 봐요.
꼬마 쿠키가 빙하를
타고 있어요.

뿌우우우우

포근실타래!
캐스터네츠!
파앗
팍

휘리리릭

촤촤촤

캐스터네츠는 왜?
둥
둥
둥
둥

포근실타래,
힘내라! 힘내라!
짝
짝
짝
둥둥둥
촤아아

응원
도구였어?

휘이이이이이
저는 박하사탕맛 쿠키예요.
박하수염 고래가 저를 빙하 위에 내려 주고 갔어요.
구해 주셔서 감사합니다.

고래가?
얼음파도의 탑에 가는 길이었거든요.
스윽

우리도 그곳까지 가는데!

그럼, 여러분들도 슬픈 바다요정 쿠키님의 전설을 알고 있겠군요.
바다요정 쿠키님이 저를 부르고 있어요.

바다요정
쿠키님?
눈설탕맛 쿠키가
한 이야기와
같아.

우리도
그곳까지 갈 방법을
찾고 있어.

하지만 보다시피
온통 눈 세상이라
어떻게 가야할지
모르겠어.
휘이이
난 옷도
없어!
덜덜

고드름과
물(水, 물 수)이
합쳐진 모양의
얼음 빙(氷).
氷
갈고리 모양으로
굽이쳐 흐르는 강물 모양을
나타낸 글자(可, 옳을 가)와
물 수(氵 = 水)가 합쳐져
'강'을 뜻하는 글자인
물 하(河).
河

그렇다면 눈을 타고
거대한 빙하(氷河)
지역을 내려가는 방법
밖에는 없어요.
빙하(氷河)?

빙하(氷河)는 얼음이 언 큰 강을 말해요.
눈이 오랫동안 쌓이면서 조금씩 땅을 타고 내려가게 되거든요.
휘이이이이
그럼, 여기가 모두 빙하(氷河) 지역이란 말이야?

그럼 적당한 크기의
얼음 조각들이
필요하단 말이지?

척

퍽

퍼억

펫들아!
얼음 조각을
건져 올려 줘.

팟

쉬이이

쿵

쿵

*눈사태 : 많이 쌓였던 눈이 갑자기 무너지거나 빠른 속도로 미끄러져 내리는 현상. 또는 그 눈.

콰아아아아

가, 가야 돼!

꺅
촤아
촤아아
으아아
콰콰콰콰콰

뱀파이어 성

연금술 연구는 하루도 게을리할 수 없지.
부글
부글

좀비 바이러스의 해독제뿐만 아니라 예방 주사까지 만들 수 있다면 얼마나 좋을까?
좀비 바이러스가 어디서 오는지 알 수 있다면 좀비맛 쿠키도 치료할 수 있을 텐데.
부글
부글

악마맛 쿠키!
코코아맛 쿠키!
휙
우당탕

또 뱀파이어 성을 공격하려고?
퍽
퍽
퍽
해독제가 필요해~.

크아아
콱
콱

불꽃정령 쿠키가 좀비가 됐잖아?
훗
치료해 줘.
콱
콱

그런데 어쩌다가 좀비가 된 거야? 좀비맛 쿠키는 천사맛 쿠키가 보호하고 있다고 들었는데?

쿠키왕국 원시림(原始林)의 파인애플 제단에서 좀비가 됐어.
파인애플 제단?

그곳의 파인애플 부족이 좀비 바이러스가 묻은 화살촉을 무기로 쓰더라고.
카악

그렇다면
좀비 바이러스가
처음 시작된 곳은
원시림(原始林)?
연구하러
가 봐야겠어!

푹
꼬아아

여긴 뱀파이어
성이잖아?
불꽃정령맛
쿠키님께서
좀비가
됐었어요.

크아아
내가
좀비였다고?!
툭
투툭
이제
굴뚝화산으로
돌아가시지요.

꼬맹이 쿠키들은?
전설의 노인네
쿠키들은?
버럭
바다요정 쿠키를
구하러 얼음나라로….

*위력 : 상대를 압도할 만큼 강력함. 또는 그런 힘.

*충성심(忠誠心) : 임금이나 국가에 대하여 진정으로 우러나오는 정성스러운 마음.

얼음나라 산타호텔
휘이이이이
SANTA HOTEL

귀여운 내 딸,
코코아맛 쿠키.

햇빛에 반짝이는 눈처럼
내게 기쁨을 주던 아이였는데
지금은 어디서 무엇을 하며
살고 있는지….
흑흑…

산타맛 쿠키님!
벌컥

눈설탕맛 쿠키와
피겨여왕맛 쿠키,
그리고…

화이트초코
쿠키입니다!
처음 보는
쿠키로군.

이곳에 우리를
얼음파도의 탑까지
데려다줄 수 있는 쿠키가
있다고 들었어요.
얼음파도의 탑까지
가는 길은
얼음나라에서 가장
춥고 험한 길이지.

추위를 막아주는
두터운 눈찹쌀떡
모자를 쓰고,
사나운 펭귄이 모는
튼튼한 눈썰매를 탄
촤아아아아
단팥맛 쿠키만이
얼음파도의 탑까지
데려다줄 수 있어.

*묵다 : 일정한 곳에서 나그네로 머무르다.

촤아아아아

촤아

촤아아

저기, 얼음도시가
보여!
촤아
촤아아

얼음도시에서
얼음파도의 탑까지 가는
눈썰매를 탈 수
있을 거야.
촤아아

따뜻한 음식과
옷이 필요해.
하룻밤 묵을
숙소도!
촤아아

쉬이이이
SANTA HOTEL

저쪽에
호텔이 보여요.
살았다!
촤촤촤

촤촤촤촤

얼음나라는 너무 싫어!
이렇게 춥고 답답한 곳에
처박히지 않을 거야.
휘이이
세상으로 나가서 성공할
거예요. 아무도 나를 무시
하지 못하게 할 거라고요.

얘야, 넌 추위로 꽁꽁
얼어붙은 쿠키들을 녹여 주는
코코아맛 쿠키란다.
네 착한 마음을 잃으면 안 돼!

아빠, 저는
코코아처럼
검은 마음을
가졌어요.
덜덜
덜덜
촤아아아

얼음나라의 쿠키들도
이제 곧 굴뚝마녀님의
힘 앞에 무릎을 꿇게
될 거예요.
크크크크…

그 때,
제가 아빠를
지켜 드릴게요.
촤아아아아

휘이이
눈이
많이도
오는군.
SANTA HOTEL

그동안 산타호텔에
찾아오는 것이라곤 차가운
눈송이밖에 없었는데…

오늘은 웬일로
손님이 세 명이나
들었어.
쿵쿵

오늘은 운이
좋은 날이야.

이제 무슨
소리지?
으드드드

끼이이
밖에
눈사태가 났나?
휘이이이이

방을
주세요!
쾅
슈우우
슈우우우
따뜻한 음식도
부탁드려요!

대박

쿠키들이 모여든 산타호텔에선 어떤 일이 벌어질까? 11권에서 확인하세요!

10권 한자 쏙! 쏙! 집중 탐구

5급 技 — 재주 기

부수 扌 재방변

* 技術 (기술) 사물을 잘 다룰 수 있는 방법이나 능력.
* 特技 (특기) 남이 가지지 못한 특별한 기술이나 기능.

6급 術 — 재주 술

부수 行 다닐 행

* 美術 (미술) 공간 및 시각의 미를 표현하는 예술.
* 手術 (수술) 병을 고치기 위하여 몸의 한 부분을 째고 자르거나 붙이고 꿰매는 일.

7급 不 — 아닐 불, 부

부수 一 한 일

* 不法 (불법) 법에 어긋남.
* 不足 (부족) 필요한 양이나 기준에 미치지 못해 충분하지 아니함.

6급 公 — 공평할 공

부수 八 여덟 팔

* 公開 (공개) 어떤 사실이나 사물, 내용 따위를 여러 사람에게 널리 터놓음.
* 公式 (공식) 국가적이나 사회적으로 인정된 공적인 방식.

7급 平 — 평평할 평

부수 干 방패 간

* 平和 (평화) 전쟁, 분쟁 또는 일체의 갈등이 없이 평온함.
* 平地 (평지) 바닥이 평평한 땅.

3급 莫 — 없을 막

부수 艹 초두머리

* 莫大 (막대) 더할 수 없을 만큼 많거나 큼.
* 莫强(막강) 더할 수 없이 센 것.

5급 可 — 옳을 가

부수 口 입 구

* 可能 (가능) 할 수 있거나 될 수 있는 것.
* 許可 (허가) 어떤 일을 할 수 있게 하는 것.

5급 能 — 능할 능

부수 月 육달월

* 才能 (재능) 어떤 일을 하는 데 필요한 재주와 능력.
* 知能 (지능) 지혜와 재능을 통틀어 이르는 말.

7급

나갈 출

부수 凵 위튼입구몸

* 脫出 (탈출)
어떤 상황이나 구속 따위에서 빠져나옴.
* 出身(출신)
출생 당시 가정이 속하여 있던 사회적 신분.

7급

口

입 구

부수 口 입 구

* 家口 (가구)
집안 식구.
* 人口(인구)
일정한 지역에 사는 사람의 수.

4급

竹

대나무 죽

부수 竹 대 죽

* 松竹 (송죽)
소나무와 대나무를 아울러 이르는 말.
* 竹馬 (죽마)
대나무 말(아이들이 말놀음 질을 할 때에, 두 다리를 걸터 타고 끌고 다니는 대막대기).

7급

主

주인 주

부수 丶 점 주

* 民主 (민주)
주권이 국민에게 있음.
* 主義 (주의)
굳게 지키는 주장이나 방침.

4급

富

부유할 부

부수 宀 갓머리

* 貧富 (빈부)
가난함과 부유함을 아울러 이르는 말.
* 富者(부자)
재물이 많아 살림이 넉넉한 사람.

6급

樂

즐거울 락, 음악 악

부수 木 나무 목

* 樂園 (낙원)
아무런 괴로움이나 고통이 없이 살 수 있는 즐거운 곳.
* 音樂 (음악)
목소리나 악기를 통하여 사상 또는 감정을 나타내는 예술.

5급

臣

신하 신

부수 臣 신하 신

* 文臣 (문신)
문과 출신의 벼슬아치.
* 忠臣 (충신)
나라와 임금을 위하여 충성을 다하는 신하.

5급

無

없을 무

부수 灬 연화발

* 無禮 (무례)
태도나 말에 예의가 없음.
* 無音 (무음)
소리가 없음. 또는 소리가 나지 않음.

★ '부수'란? 부수는 자전(옥편)에서 한자를 찾는 기준이 되는 글자로, 한자의 뜻과 연관이 있어요. 예를 들어 木(나무 목)을 부수로 쓰는 한자의 뜻은 '나무'와 연관이 있어요. 또, 부수에 해당하는 한자가 다른 글자와 만나면 모양이 조금씩 변하기도 해요. 信(믿을 신)의 亻은 人(사람 인)이 변형된 한자예요. 부수의 수는 총 214자입니다.

6급

理

다스릴 리

부수 王 구슬옥변

* 理由 (이유)
  어떠한 결론이나 결과에 이른 까닭이나 근거.
* 非理 (비리)
  올바른 이치나 도리에 맞지 않음.

5급

氷

얼음 빙

부수 水 물 수

* 流氷 (유빙)
  물 위에 떠내려가는 얼음덩이.
* 解氷 (해빙)
  얼음이 녹아 풀림.

5급

河

물 하

부수 氵 삼수변

* 河川 (하천)
  강과 시내를 아울러 이르는 말.
* 河口 (하구)
  강물이 바다로 흘러 들어가는 어귀.

8급

山

뫼 산

부수 山 뫼 산

* 登山 (등산)
  운동, 놀이, 탐험 따위의 목적으로 산에 오름.
* 火山 (화산)
  땅속에 있는 가스나 용암이 땅을 뚫고 터져 나오는 것. 또는 그로 인해 생긴 산.

★ '한자의 필순'이란?

: 한자를 보기 좋고 빠르게 쓰기 위해, 쓰는 순서를 정한 것.

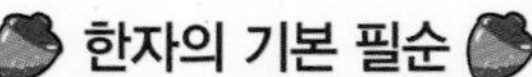

한자의 기본 필순

1. 왼쪽에서 오른쪽으로 쓴다.
2. 위에서 아래로 쓴다.
3. 가로획과 세로획이 교차될 때는 가로획을 먼저 쓴다.
4. 삐침과 파임(오른쪽으로 비스듬하게 내려 쓰는 한자)이 만날 때는 삐침을 먼저 쓴다.
5. 좌우로 대칭되는 형태의 한자는 가운데 부분을 먼저 쓰고 왼쪽, 오른쪽 순서로 쓴다.
6. 안쪽과 바깥쪽이 있을 때는 바깥쪽을 먼저 쓴다.
7. 글자 전체를 꿰뚫는 획은 나중에 쓴다.
8. 오른쪽 위의 점은 맨 나중에 찍는다.
9. 받침으로 쓰이는 글자 중 走(달릴 주)는 받침을 먼저 쓰고, 辶(쉬엄쉬엄 갈 착)은 받침을 나중에 쓴다.